अक्स

AKHIL LODHA

BookLeaf Publishing

Presentation by *BookLeaf Publishing*

Web: www.bookleafpub.com

E-mail: info@bookleafpub.com

ISBN: 9789357748469

First edition 2023

यह पुस्तक माँ ललिता लोढ़ा, पिता सिद्धराजजी लोढ़ा ,मेरी प्रेयसी ,पत्नी और मेरी सबसे करीबी

दोस्त खशुबू(अरुणा) ,बेटी मुस्कान और पत्रु शभुम के नाम |

ACKNOWLEDGEMENT

मैं उन सभी लोगो को अपने हृदय से धन्यवाद देना चाहता हूँ जिनके कारण यह पुस्तक प्रकाशित हो रही है | सबसे पहले तो अपने माता-पिता सौ. ललिता लोढ़ा और श्री सिद्धराज जी लोढ़ा को धन्यवाद देना चाहता हूँ जिन्होंने मुझे हमेशा प्रोत्साहित किया | मैं, मेरी पत्नी सौ. अरुणा लोढ़ा (खुशबू) को भी धन्यवाद करता हूँ जिन्होंने मुझे यह पुस्तक लिखने में भरपूर सहयोग दिया है | अपने बेटी, मुस्कान जो मेरी सबसे बड़ी आलोचक भी है और बेटे, शुभम का भी शुक्रगुज़ार हूँ क्योंकि यह दोनों मेरी प्रेरणा है |

मैं अपने परिवार के अन्य सदस्य कुणाल लोढ़ा, मेघा लोढ़ा और मेरी भतीजी नव्या लोढ़ा को भी धन्यवाद देना चाहता हूँ |

मैं अपने सबसे क़रीबी दोस्त मोनिकानिका भौमिक , जीतू जैन ,प्रीती टेमकर ,राहुल कोठारी, स्व. आविष्कार निकाले और स्व .संदीप सिंह का भी बहुत आभारी हूँ |

मैं बुक लीफ प्रकाशन का भी तेहदिल से धन्यवाद देता हूँ जिनके कारण यह पुस्तक प्रकाशित हो रही है |

PREFACE

मैं खुद को बहुत बड़ा कवि नहीं मानता पर यह बात में कोई शंका नहीं की जो भी लिखता हूँ दिल से लिखता हूँ | कविता का शौक कब जगा पता नहीं पर अटल बिहारी वाजपेयी जी मेरे पसंदीदा नेता थे और कवि भी और उन्हीं को सुन सुनकर मैं बड़ा हुआ और कविता की तरफ आकर्षित हुआ | अटलजी की लिखी हुई कविताएँ का मैं बहुत बड़ा प्रशंसक रहा हूँ और निचे लिखी उनकी कविता ज़ोर-ज़ोर से पढ़ा करता था |

टूटे हुए सपनों की सुने कौन सिसकी?
अंतर को चीर व्यथा पलकों पर ठिठकी।
हार नहीं मानूँगा,
रार नहीं ठानूँगा,
काल के कपाल पर लिखता मिटाता हूँ।
गीत नया गाता हूँ।

मेरे पिताजी शताब्दी गौरव नाम से पाक्षिक अखबार चलाते है जो की पिछले २४ वर्षों से काफी लोकप्रिय है और आज भी जैन समाज में सबसे बड़ा नाम है | उस अखबार में शोकिया कविताएँ लिखता था जो लोगों को काफी पसंद आती थी और मैंने बहुत से सामाजिक कार्यक्रमों में उन्हें पढ़ा भी हैं |

इंजीनियरिंग पूरी करने के बाद और नौकरी करते करते यह शौक थोडा कम हो गया और कुछ वर्षो तक लिखना भी बंद हो गया था | कुछ वर्षों पहले जबसे

सोशल मिडिया पर कविताओं के छोटे-छोटे विडियो देखकर फिर से वो शोक जीवित हो गया | मैंने राहत इंदोरी, मुनव्वर राणा , रामधारी सिंह दिनकर, दुष्यंत कुमार , कुमार विश्वास , , बशीर बद्र ,वसीम बरेलवी और बहुत से कवि/ शायरों की किताबे पढ़ी और वापस लिखने लगा |

जब भी हौसला टूटता या घबराहट होती तो वसीम बरेलवी की बेहतरीन एवं उम्दा शायरी को याद करके वापस अपने काम में दुगनी उर्जा के साथ लग जाता था |

" सभी को छोड़ के खुद पर भरोसा कर लिया मैंने,
वह जो मुझमें मरने को था जिंदा कर लिया मैंने "

मैं आगे भी अपने काम से समय निकालकार अपनी सोच को कविता में उतरने की पूरी और सच्ची कोशिश करता रहूंगा |

“अक्स” मतलब प्रतिबिम्ब | यह क़िताब सही मायने में मेरी परछाई है | वैसे मेरे लिखे हुई कविता समाचार पत्रों , पत्रिकओं इत्यादि में प्रकाशित हुई है पर उन कविताओं को पुस्तक द्‌वारा लोगों के सामने लाना एक तरह से सपना ही था जो पूरा हो रहा है | हर किसी को सपने देखने चाहिए और जरूर देखने चाहिए क्योंकि अगर आपका प्रयास और मेहनत में सच्ची कोशिश है तो वो सपने पुरे होते है |

आप मुझे आपकी प्रशंशा , आलोचना , कटाक्ष या प्रेम सीधे ईमेल द्‌वारा akhillodha@gmail.com पर भेज सकते है |

आपका,

अखिल लोढ़ा

खुशियों की लाश

पड़ोस के मकान में काफी चहल-पहल है
जहाँ कभी सन्नाटा भी जाने से डरता था
आज वहां मेले सा लग रहा है
पर वो खाँसने की आवाज़ जो अक्सर
कानों में तज़ुर्बे घोलती थी खामोश है ।
बरामदे में सफ़ेद चादर ओढ़े काका सोये थे
बेटे वकीलों संग, बेटियाँ बहुऐ तिजोरियो संग
और ओल्ड मैन के बगल में बच्चे खेल रहे थे।
बच्चों,बहुओ के साथ एक घर में रहना
पोते पोतियों को आँगन में खेलते देखना
भगवान ने जो अनसुनी की सालो तक
मौत ने आज एक झटके में पूरी की।

सब ठीक हो जाएगा

कोसो किसीको को नहीं, जैसा बोओगे वैसे पाओगे,
उम्मीद को टूटने न दो,क्या ज़िंदगी से हार जाओगे,
सब ठीक हो जाएगा, जब एक दिन मर जाओगे ।

खुद की भी सुनो कभी, तभी औरों की सुन पाओगे,
रफू करो ज़ख्मों को , वर्ना कैसे आगे बढ़ पाओगे,
सब ठीक हो जाएगा, जब एक दिन मर जाओगे ॥

बहने दो आँसुओं को, तब दिल खोलके रो पाओगे,
टूटेगी जब दिलों की दीवारे, तभी गले मिल पाओगे,
सब ठीक हो जाएगा, जब एक दिन मर जाओगे ।

जीवन का जाइका चख लो, देखो वर्ना पछताओगे,
कहना है जो कह दो, कब तक लफ़्ज़ों को दबाओगे,
सब ठीक हो जाएगा, जब एक दिन मर जाओगे ।

सरल शीतल स्वाभाव से ही सब का आदर पाओगे,
जीवन संघर्ष है डर कर कैसे विजय तुम पाओगे ,
सब ठीक हो जाएगा, जब एक दिन मर जाओगे ।

वो बचपन बहुत प्यारा था

ना Increment की फिकर,
ना Escalation का डर,
ना Email पे सवाल ,
ना सवालों से बवाल ,
ना Appraisal के लिए नाइट ,
ना Promotion के लिए फाइट ,
ना थी Laptop की तड़क-भड़क,
ना थी वहाँ चापलूसी की सड़क,
सच्चा मासूम प्यार तब बहुत सारा था
वो बचपन बहुत ही प्यारा था !

काम के Frustration का असर मुझमें भी आया है,
बे-वजह हस्ते खेलते बच्चो को धमकाया है,
३० तारीख के इंतज़ार में पूरा महीना बिताया है ,
Loan ले लेके सपनों का घर बनाया है
माँ के पराठे को छोडकर Pizza को अपनाया है ,
घर को धर्मशाला ,Office को घर बनाया है ,
तब रोने के लिए कंधो का सहारा था ,
वो बचपन बहुत ही प्यारा था !

दंगे और हम

मैंने सहमे सहमे से सन्नाटे से पुछा ,
तू इतना शोर क्यों मचा रहा हैं,
घबराकर इशारे से ख़ामोशी ने कहा,
वो देखो भाई-भाई का खून बहा रहा हैं !

लहू से लाल हुए पथ पर चलकर ,
नफरतों की दीवारों को फांदकर ,
मैं हक्का बक्का अपने मोहल्ले में आया,
कोने में पड़े कूडेदान में इंसानियत को पाया !!

हस्ते खेलते आँगन अब कब्रिस्तान हो गए ,
जात पात और धर्म के बीच इंसान खो गए ,
एकजुट हुए लड़ने महँगाई, गरीबी भ्रष्टाचार से
पर अब दगो के बीच वो हिंदू मुस्लमान हो गए !!!

रुक जाओ मूर्खो और थोड़ा सा थम जाओ,
थोड़ा सा सयम , थोड़ा सा धैर्य जीवन में अपनाओ ,
समझों नादानों तुम रोक सकते हो यह बर्बादी ,
ताकि जश्न न मन पाए हमारे दुखो पे खादी !!!!

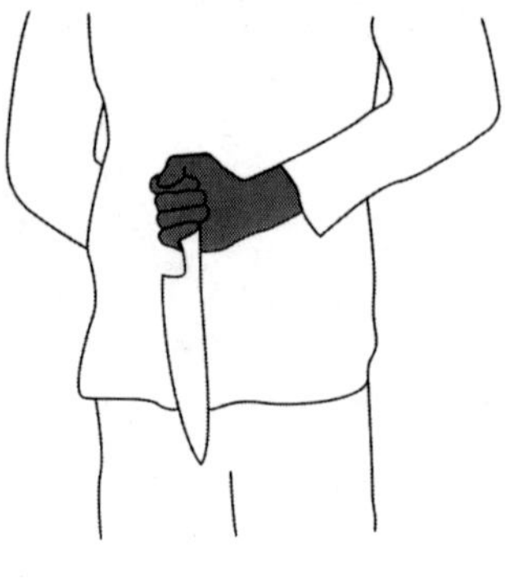

लौट के आओ

गाँव के सुने घर इंतज़ार कर रहे है क़दमों के आहटों की,
खिड़कियाँ दरवाज़े सभी बातें कर रहें है अपनी घबराहटों
की |

चमकता चाँद आसमां में तन्हा है उसे तकने कोई नहीं
होता है
सपने दर खटखटा रहे है पर अब इस घर कोई नहीं सोता
है |

मैंदानों में मेले लगते नहीं, शाम अंगान में बिछोने
बिछते नहीं
आँखों में उम्मीदों के दिया लगाये चौकट पे नैना थकते
नहीं |

भूले बिसरे ही आ जाओ और देख इसके दिल में कितने
घाँव है ,
याद करती है हवाएं इसकी ,लौट के आओ यह तुम्हारा
ही गाँव है !!

पहला प्यार

दूर से ही देखकर तुम्हें तसल्ली कर लेते है
तू पास से गुज़रती है तो फुसफुसाहट होती है।

यंकी है मुझे इश्क़ पे मेरे तू मेरी हो जाएगी
पहला कदम चलने में मगर घबराहट होती है।

मुरझाया दिल भी खुलकर मुस्करा देता है
जब जब उसे तेरे आने की आहट होती है।

खुलकर कहना चाहता हूँ मैं तुझे सब कुछ
खामोश रिश्तो की चादरों में सिलवट होती है।

ख़यालो में ही तुझसे मैं बेझिझक बोल पता हूँ
साया भी पड़ता तेरा तब झनझनाहट होती है।

जीवन की कहानी

सुलझाओगे जितनी जिंदगी को उतना उलझ तुम
जाओगे
हर बात के लिए कोसोगे खुदको तो कैसे जी तुम पाओगे |

नमकीन मीठा शरबत का प्याला समझके इसको पी लो
जब तक है ज़िंदगी खुशी से इसके रंग में रंगके जी लो |

क्यों दबाते हो गमों को तुम,अच्छी नहीं यह बेज़ुबानी है
सुख दुःख का ख़ुशी से लुत्फ़ उठा यही तो ज़िंदगानी है |

क्यों खोता है हौंसलो को तू, क्यों है हार से घबराना
गमों की बारिश में ही तो छिपा है खुशियों का खज़ाना |

कायरता है आत्महत्या ,यह नासमझी का नमूना है
कभी किसी परिंदे या जानवर को यह करते सुना है |

कौन है जग में ऐसा जिसे न कोई परेशानी है
कभी जीत कभी हार जीवन की यही कहानी है |

राम

जल थल अग्नि आकाश सब पर उनका राज है
सारे रिश्ते उन्ही में समाए वो ही सबके हमराज है
शासन कोई भी करे सत्ता तो राम ही चलाते है
धर्म का पालन जो करे वही उनको समीप पाते है।

जीवन राम की माया है देख न इसे तू संशय से
चुनौतियों का सामना कर भाग ना इसके भय से
राम नाम का जप कर बन जाएँगे बिगड़े काम
राम ही तो आरम्भ है राम ही तो है पूर्ण विराम।

जीवन समर है यह हर पल कुछ सिखलाती है
कर्मवीरों को सदा ही वो नेक पथ दिखलाती है
कर्मों से दूर भागना वीरों की पहचान नही है
कलयुग में राम बनना इतना आसान नही है ।

हिम्मत

सवाल पूछा है तो जवाब सुनने की भी हिम्मत रखो,
बिकने को तैयार है बाज़ार में वाजिब क़ीमत रखो|

रक़ीब भी, दोस्त भी, गले लगाए ऐसी हैसियत रखो,
जितनी है लड़ाई तो दुश्मनो में अपनी दहशत रखो|

देश विदेश घूमो बहुत पर गाँव में एक मकान रखो,
सुनो बहुत ज़माने की पर मुँह में तुम ज़बान रखो ।

बंद घरों के भी कोने में पंछियों के लिए पानी रखो,
भूलो पुरानी बातें नए ज़माने की नई कहानी रखो|

बेदर्दी ज़माने के लिए भी आँखों में मुरव्वत रखो,
जैसा भी दौर आये तुम जीने की हसरत रखो।

भगवान

सपनों का घरौंदा बनाना आसान नहीं है
कौन है यहाँ जो आज परेशान नहीं है।

मुस्कुराओ , लोगों से बात कर लिया करो
जीता जागता शहर है कोई शमशान नहीं है।

कभी-कभी यूँ ही हार जाया करो यारो,
जीवन ही है कोई जंग का मैदान नहीं है।

जिम्मेदारियों ने हमे खामोश कर रखा है
और लोगों को लगता है कि जबान नहीं है।

हर कोई अपने स्वार्थ से भरा पडा है
किसी के लिए किसका बलिदान नहीं है

सब जी रहे अपनी अपनी मस्ती में
अपनों की अपनों से पहचान नहीं है ।

खुद को ही भगवान समझने लगे है सब
पत्थर से इस शहर में कोई इंसान नही है।

तितर-बितर हो रहे सारे हमारे रिश्ते नाते
बिखरती मानवता पर किसीका ध्यान नहीं है।

आस

गरीबों के घरों में जब खाने के लाले पड़े
अमीरों के दिलों में कंजूसी के ताले पड़े।

साम्प्रदायिकता जहर सी हवा में घुल गयी
गली गली अब धर्म की दुकानें खुल गयी ।

आडम्बर करना है ,भगवान तो बस जरिया है
खाक हो जाओगे तुम यह आग का दरिया है ।

हर बार किस्मत को कोसना भी ठीक नहीं
यहाँ तुम्हे भगवान् मिल जाएगा पर भीक नहीं।

यहाँ कोई किसी को यूँ ही अपनाता नहीं
अपनी हरकतों पर यहाँ कोई पछताता नहीं।

सूरज को भी निचोड़ने की चाह रखता हूँ
मैं इंसानो से इंसानियत की आस रखता हूँ ।

खुशबू

तेरे साथ जीवन जीने का सपना सजाया है
मुश्किलों में साथ चलता हमेशा तेरा साया है |

टूटने न देंगे यह आशियाना ज़माने के पत्थरों से
तिनका-तिनका जोडके सपनो का महल बनाया है |

खो न दू तुझे यह सोच दिल अक्सर घबराता है
एक सदी के इंतजार के बाद मैंने तुझे पाया है |

ख़्वाबों में देखी कोई चीज़ किसे कहाँ मिलती है
यह मेरा पूण्य है जिसने तुझे मुझसे मिलाया है |

किसी प्रेमग्रंथ जैसी है अपनी यह प्रेम कहानी
"खुशबू" कुछ तो है तभी लोगों ने हमें इतना सताया है |

चुनाव के दौर में

आम आदमी फिर से खुश है चुनावो के दौर में;
भीग गया है वो वादों की बारिश के बौछार में !

आरक्षण , जात पात की राजनीति है माहिर है सब ;
तरसते रहे जाओगे ;कब हुए हैं वादे पूरे, जो होंग अब !

लैपटॉप और मुफ़्त बिजली के बजे है फिर से बिगुल ;
इतिहास गवाह है की कभी नहीं खिले है रेगिस्तान में
फुल !

सोने वाले , जाग जा रे कही तेरे अपने न तुझसे बिछड
जाए,
तेरे इस बेख्याली से कही तेरा सपनों का शहर न उजड
जाए !

इमानदारी , सेवा , और समपर्ण यह सब कहने की
बात है
नेताओं की दिन सुनहरे , जनता के लिए सिर्फ काली
रात है !

धर्म

खामोशी है सनाट्टा है हवाओं में घोला जहर है
जातिवाद साम्प्रदायिकता का यह अजब कहर है ||

चुपके से दस्तक दे रहा है डर भी घबराहट से
रूह तलक काँप उठती है अब हमारी आहट से |

समेटो छिपा लो सीने में दर्दीली दास्तानों को
जमीं को तबाह किया चलो जलाये आसमानों को |

किसी का कोई दुश्मन भी बचा नहीं शहर में
लाशें बिछा दी है पग-पग नफरतों के कहर ने |

बस्तियां तोड़ खुश हो पर कबतक चलने वाला है
आज मेरा तो कल तेरा घरोंदा जलने वाला है |

टूटके बिखर भी सकते हैं कभी फलक की तारे
घर कर दिया जो, टूटेगी नही नफरत की दीवारें |

छोटा नही बड़ा नही बुरा नही सभी धर्म समान है
पूछे अखिल जहां कट्टरता वो धर्म कैसे महान है |

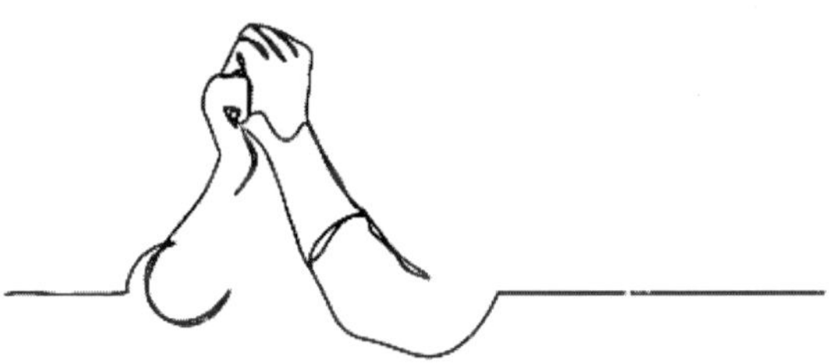

बुजदिल

आँगन में खेलते बच्चे अब बुजदिल हो चले है
मस्तियाँ लुप्त यह मशीनो में तब्दील हो चले है।

बिल्डिंगों मे शीशे टूटने की आवाज़ कहाँ आती है
बचपन ,अल्हड़पन तो वीडियो गेम में बीत जाती है।

बीमारी में लोग कहाँ अब हाल चाल पूछने चलते है
दिखा जख्म ज्यादा वहाँ नमक डाल आगे बढ़ते है।

कोसते हो जिंदगी को बंद कर खुद को मकानों में
आज भी जीवन चहकता है पुराने उन ठीकानों मे।

मुश्किलों में हौसलों को अपने तुम कभी टूटने ना दो
मंज़िलों पर अपनों को साथ तुम कभी छूटने ना दो।

अपनों को न करो दरकिनार हर छोटी सी बातों पर
वर्चुअल रिश्तों को छोड़ो अब जोर दो मुलाकातों पर।

लोकडाउन

यह छुट्टियाँ अब खत्म हो जानी चाहिए
बच्चों को सुनाने अब नई कहानी चाहिए |

नई ज़िंदगी से ऊब गए है अब सब लोग
फिर से हमें वो सारी यादें पुरानी चाहिए |

गले लग नही सकते हाथ मिला नही सकते
अपनों की शकलें अब नज़र आनी चाहिए |

बेफिक्री को हार बनाकर अब घूमना नहीं
हमें अपनी जान की क़ीमत लगानी चाहिए |

हर बुरा वक़्त हमें कुछ सिखाके जाता है
नेकी ख़र्चनी हो तो भी आमदनी चाहिए |

भुलाया ना जाएगा

अब तुझे हमसे भुलाया ना जाएगा
जो वादा किया वो निभाया ना जाएगा।

ज़ख्म दिया है तो दर्द होना लाजिमी है
मरहम से यह ऐसे मिटाया ना जाएगा।

होंठ खामोश और पानी बहता आंखों से
इस हाल में तुझे छोड़के जाया ना जाएगा।

गलतफहमी की तूफानों में जो उजड गया
उस घर में अब किसी के बसाया ना जाएगा।

हँसते हुए महफ़िल में रोज़ चले जाते है
यह दर्द हमसे ज्यादा छुपाया ना जाएगा।

फिर से मिलते है

बहुत दिन बिते मिले हुए चलो फिर से मिलते है
एक दूजे से ही एक दूजे की शिकायतें करते है।

दूरियां मिटाने में जानता हूं हिचकिचाहट होगी
लबों को खामोश रख आँखो से बातें करते है।

नासूर होते है जा रहे इन जुदाई के ज़ख्मों को
प्यार इश्क़ और मोहब्बत के मरहम से भरते है।

खुद को पत्थर बना दिया है मैंने तेरी याद में
भगवान समझके अपने अब हमारी पूजा करते है।

अपनी उम्मीदों का घर बाँधा है सागर किनारें
चल इस इंसानी जंगल को छोड़कर दूर चलते है।

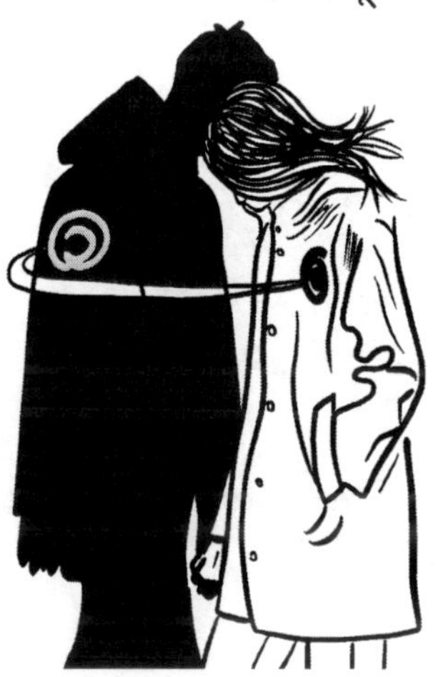

चट्टान

ज़िंदगी से मेरी लड़ाई अब तक जारी है,
संघर्ष करने की भी मगर पूरी तैयारी है,
हार के थक जाऊँ यह मुमकिन नही,
सपनों से कही बड़ी मेरी ज़िम्मेदारी है।

मौके मुझे भी मिलेंगे यह लंबी पारी है,
खरीदार कई पर रास्ता रोकती खुद्दारी है,
खुश न हो , घमंड न कर अपनी जीत का,
आज किस्मत तेरे साथ है , कल मेरी बारी है।

असफलता से बड़ी गहरी मेरी यारी है,
खत्म नही होती समस्या इतनी सारी है,
हर चुनौती का डटकर सामना किया है मैंने,
मैं वो चट्टान हूँ जिसके सामने आंधियां हारी है।।

नुक्ताचीनी

करते नुक्ताचीनी छोटी-छोटी बातों पर
तरस नही खाते औरो के हालातों पर
खुशी नही होती अब मुलाकातों पर
रौंदके चलते है शान से जज़्बातों पर |

अब अफसोस नही किसी के लाचारी पे
दुखता नही है दिल किसी के बिमारी पे
फूलता नही सीना किसी के खुद्दारी पे
दाद नही देते किसी की समझदारी पे |

विलुप्त होते चले है गुण हमारे इंसानी
तितर-बितर बिखर रही है यह जवानी
भेड़ चाल में खो गयी वो शामें रूमानी
पैसा-पैसा बोले प्रेम की भाषा ना जानी |

मुश्किल है सपनों को करना साकार
रिश्तो के भी बदल गए है अब आकार
दोस्ती दुश्मनी सब बन गए है व्यापार
सकारात्मकता को तू जीवन में उतार |

बेवफ़ा

ख़्वाब तुम्हे मिलने को सँवरने लगते है
जब भी हम तुम्हें याद करने लगते है।

मंडराता है आँखों में आँसुओं का मौसम
तेरी गलियों से जब भी गुज़रने लगते है।

बार-बार तेरी तस्वीर सामने आ जाती है
जब भी हम तेरे गम से उभरने लगते है।

तेरी बेवफ़ाई ने कुछ इस कदर झकझोरा है
कोई प्यार से मुस्कुरा दे तो डरने लगते हैं।

जीतने का मौका ही नहीं देती मुझे ज़िंदगी
हादसे होते है जब मैदान में उतरने लगते है।

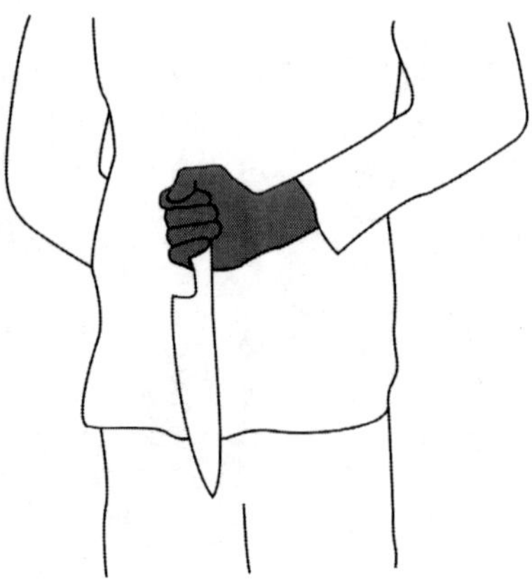